Sylvanus Mulowayi Wa Kayumba

MARIAGE DANS LA MARGE/ MARRIAGE IN THE MARGIN

Sylvanus Mulowayi Wa Kayumba

MARIAGE DANS LA MARGE/ MARRIAGE IN THE MARGIN

Une Femme Plus Agée que Son Mari/ A Woman Older than Her Husband

Éditions Croix du Salut

Imprint

Cover image: www.ingimage.com

Publisher:
Éditions Croix du Salut
is a trademark of
International Book Market Service Ltd., member of OmniScriptum Publishing Group
17 Meldrum Street, Beau Bassin 71504, Mauritius
Printed at: see last page
ISBN: 978-613-7-37537-2

MARIAGE DANS LA MARGE

Sylvanus Mulowayi Wa Kayumba

MARIAGE DANS LA MARGE

INTRODUCTION

Peut-on se marier à une femme plus âgée que soi ?

Oui et non…

Oui, selon que l'amour échappe de fois aux lois de la société dans laquelle on vit. Et de fois, l'âge déclaré n'est pas souvent l'âge réel.

Dans la société il y a des us et coutumes relatifs à chaque peuple dans le domaine du mariage.

Ce n'est pas seulement le problème d'âge qui est défini. Il y a des gens qui vont plus loin, jusqu'à parler de la tribu, de la race et de la religion.

Mais le sentiment de fois s'impose et va au-delà de l'âge, de la tribu, de la race et de la religion. Et cela a pu tenir le coup et porter de bons fruits dans certains cas.

Je pense à mon cas personnel qui fut comme une rébellion contre mes parents car je me suis marié de mon propre gré à une femme Katangaise alors que je suis Kasaïen.

Au fait le Katanga et le Kasaï sont deux régions mitoyennes de la République Démocratique du Congo.

C'était en 1986 que je prenais cette décision téméraire qui me prit près de deux ans pour restaurer la paix avec les miens. Car mon amour avait plus un manteau de la rébellion et de la désobéissance envers les parents qui avaient accepté finalement la chose comme une herbe amère sur la table de la salle à manger.

En 1993, il y a eu refoulement des Kasaïens du Katanga et nous y fûmes inclus avec quatre membres de la famille. Les autres ainsi que quelques amis retournèrent au Kasaï car ils avaient tous des femmes de chez-nous et parmi eux, nombreux moururent sur ce chemin de l'humiliation et du rejet.

Quant à moi, mon beau-père me conseilla de ramener sa fille et mes enfants sous son toit jusqu'à la fin de cette vague sociale de ce temps de triste mémoire.

Je fus épargné avec mes enfants par le truchement de mon épouse qui était d'origine katangaise !

Et aujourd'hui je conseillerai aux migrants de se marier aux femmes de la place afin de faciliter leur intégration dans la nouvelle société d'acquisition.

Aujourd'hui nous sommes en famille et nous rendons grâce à Dieu sans lequel certains ne seraient à ce jour au milieu de nous.

On peut se marier en dehors de sa tribu et de ses origines car selon la Bible Adam vint de la terre et Eve de son os. Cela fait deux origines différentes appelées à vivre ensemble.

Abraham vit un soir Sarah entrer dans sa chambre à coucher avec Agar, l'Egyptienne pour contourner la stérilité de celle qui l'appelait seigneur.

L'amour n'est pas une question d'origine, de tribu, de race ou d'âge. C'est avant tout un cas d'harmonie et d'intimité.

Il y aussi la loi d'attraction et de l'estime qui devient irrésistible et qui emporte les deux partenaires dans le monde de la volupté leur imposant d'en assumer les conséquences.

Dans la vie courante il y a des gens qui se sont mariés aux femmes plus âgées qu'eux tel que l'actuel président français.

Ils n'ont pas eu d'enfants, cependant ils ont opté pour adopter un chien. Et de loin, ils ont réussi à écrire leur histoire d'amour dans la marge et non sur la page des français.

Le mariage est un cas de responsabilité et d'engagement pour toute une vie. Et l'on ne vit qu'une seule fois.

La virginité était aussi une condition de base pour le mariage de la jeune fille qui devait accepter de quitter le toit paternel trop jeune avant que la méchanceté de la vie ne la lui arrache.

Aujourd'hui, avec les études supérieures de la jeune fille, la virginité est devenue rare même au milieu des croyants !

Au-delà de cela, les hommes ont fini par accepter de se marier en fermant les yeux sur le cas de la virginité et en allant réparer la chose en famille et devant Dieu dans les églises locales.

Jacob se retrouva polygame en dehors de sa volonté dans un mariage circonstanciel !

Non, parce que la Bible nous enseigne qu'Adam fut formé avant Eve et Sarah était moins âgée qu'Abraham, il est une bonne chose que la femme soit plus jeune que son mari.

Dans toute société, il y a des principes et des règles qui régissent la vie quotidienne des personnes y vivant.

Non, parce que la femme atteint la maturité plus facilement que l'homme dans le foyer.

Non, parce que le chef de la femme c'est son mari et de fois, se soumettre à un plus jeune que soi est un exercice difficile à résoudre.

Nous devons dans la mesure du possible chercher à trouver un point de fonctionnement et d'harmonie car nous ne vivons pas seuls.

Il y a bien de gens qui nous regardent et qui peuvent aussi être édifiés ou découragés et faisant la lecture de notre vie conjugale.

Le lieu de vie peut aussi influencer sur la nature ou le portrait du mariage vécu du jour au jour.

En Afrique nous vivons pour les autres alors que sous d'autres cieux, on vit d'abord pour soi.

Et cela nous pousse ainsi à bien considérer le pour et le contre afin de ne jamais devenir une occasion d'achoppement pour les autres.

Nous allons essayer de fendre davantage cette matière du mariage dans la marge afin que chacun de nous trouve sa part et que notre vie sous le soleil soit une lettre vivante écrite sur notre manière de nous comporter secrètement et publiquement.

Dans le mariage, les gens savent où ils commencent mais jamais où ils peuvent aller.

Il y a bien des couples que nous croyons être en paix et en harmonie de loin, alors que cela n'est pas le cas, une fois que nous nous approchons d'eux.

C'est ainsi que la dernière décision est celle de recommander son sort à Dieu en toute simplicité et en toute humilité.

La vie conjugale est une affaire d'harmonie et de concordance de comportement qui lie les 2 partenaires jusqu'à la fin de leurs jours.

Et seule la mort les libère de l'engagement solennel pris devant les 2 familles, l'Officier de l'Etat et devant Dieu dans la promesse mutuelle de la fidélité.

On ne se marie pas pour la volupté, mais bien pour l'honneur et la dignité humaine.

A lire et faire lire !

L'Auteur

AMRAM, PERE DE MOISE

« Amram prit pour femme Jokébed, sa tante; et elle lui enfanta Aaron, et Moïse. Les années de la vie d'Amram furent de cent trente-sept ans. » Exode 6 :20

L'âge n'est pas précisé dans ce contexte mais Amram, père de Moïse épousa Jokébed, sa propre tante qui pouvait naturellement être plus âgée que le libérateur d'Israël.

Même plus tard dans la loi, quand il est dit que l'on ne peut pas découvrir la nudité de la sœur de sa mère, le géniteur de Moïse vécut dans les bras de sa tante pendant plusieurs années!

Je ne cherche nullement pas à me justifier dans cet exposé, mais j'aimerais seulement souligner quelques cas de mariages réalisés dans la marge qui ont produit des fruits alors qu'Abraham qui était naturellement plus âgé que sa femme Sahara connut une longue période de stérilité de la part de celle qui l'appelait seigneur.

La conformité d'âge entre Abraham et Sarah fut contrecarrée par la stérilité qui fit que ce fut en pleine vieillesse que vint Isaac, le fils de la promesse.

Le respect naturel d'âge entre l'homme et la femme dans le mariage ne garantit pas une cohabitation harmonieuse des conjoints. C'est une condition qui vaut bien son talent d'or mais la Bible ne donne pas des détails en la matière.

J'ai appris à me taire là où la Bible se tait. Et dans ce costume de lecteur des Saintes-Ecritures, j'aimerais encourager les futurs conjoints à plus privilégier l'harmonie dans le foyer pour que les deux deviennent un.

On peut échouer avec une femme moins âgée et réussir avec une femme âgée.

Le père de Moïse avait réussi avec une femme fatalement plus âgée que lui et à deux, ils ont donné à la maison d'Israël un libérateur.

C'est le fils de cette femme plus âgée que son mari Amram qui secourut les filles de Jethro et resta ainsi dans cette famille pendant 40 ans.

Puis, retourna au pays d'Egypte, duquel ils sortirent entre deux nuits au nombre de 600.000 hommes sur pieds, sans compter les femmes et les enfants, en coupant en deux la Mer Rouge après avoir démontré en 10 plaies la puissance de Dieu à Pharaon et au peuple égyptien.

Il conduisit le peuple de Dieu dans le désert pendant 40 ans et prit des mains de Dieu la double table des 10 commandements.

Ce fut sous la conduite de Moïse que le tabernacle fut construit en plein désert ainsi que l'Arche de l'Alliance qui signifiait la présence de Dieu !

La différence d'âge entre l'homme et la femme n'est pas vraiment précisée comme nous le font croire ceux qui ont l'habitude de remplacer la manne par le pain de proposition !

Quelqu'un me dira que cela se produisit avant la dispensation de la loi qui fut la plus longue.

Je vous le concède, mais il y a une chose que nous devrions tous remarquer en tant qu'enfants de Dieu.

La loi ne donne pas de précision sur l'âge du mariage et sur la différence d'âge entre les deux conjoints !

Qui pourra me donner la différence d'âge entre Adam et Eve quant à la chair car selon la création nous avons tous le même âge spirituel du fait que l'homme et la femme furent tous deux créés le même jour dans les cieux !

En lisant la Bible, Adam vécut seul avec Dieu pendant un temps suffisamment long en cultivant le jardin et en le gardant.

10 ans ?

20 ans ?

30 ans ?

40 ans ou plus ?

Là où la Bible se tait, moi aussi je mets la main sur la bouche !

La notion de la différence d'âge est bien facultative et ne constitue pas une condition fondamentale pour le succès d'un couple.

La réussite d’un homme marié n’est pas liée à l’âge de sa femme, mais plutôt à son cœur comme il est écrit :

« Celui qui trouve une femme trouve le bonheur; C'est une grâce qu'il obtient de l'Eternel. » Proverbes 18 :22

Ce n’est aucunement pas un problème d’âge mais celui de cœur.

Et qui peut décerner un certificat de bonté et de pureté de cœur à quelqu’un alors qu’il échappe au diagnostic du médecin.

C’est une grâce que l’on ne peut obtenir que de l'Eternel qui sonde les cœurs et les reins. Et au lieu de passer trop de temps à discuter inutilement au sujet de l’âge des conjoints, il faudra se focaliser particulièrement sur les voies et moyens pour réussir dans un couple.

Il est encore mieux de consacrer sa future épouse à Dieu afin qu’il lui donne un cœur de chair et de sensibilité afin qu’elle devienne la distributrice du bonheur dans le foyer.

Evidemment, la nature aussi nous enseigne d'une manière ou d'une autre et j'ose croire qu'il est naturellement convenable et préférable que la femme soit moins âgée à son futur époux.

Et même en nous inspirant de nos familles et de celles des amis, nous aboutirons à cette condition naturelle qui fait que la femme soit moins âgée à son futur époux afin de lui faciliter la soumission.

La véritable réussite est dans la communion avec Dieu qui connaît les cœurs des uns et des autres !

DAVID ET LES FEMMES DE SAUL

David épousa la fille de Saül avant de le remplacer sur le trône à sa mort ensemble avec son fils Jonathan le même jour sur le champ de bataille.

Une fois au trône, il reprit toutes les femmes et concubines de son beau-père Saül pour les éloigner de la pauvreté et de l'esclavage.

« Je t'ai mis en possession de la maison de ton maître, j'ai placé dans ton sein les femmes de ton maître, et je t'ai donné la maison d'Israël et de Juda. Et si cela eût été peu, j'y aurais encore ajouté.

Pourquoi donc as-tu méprisé la parole de l'Éternel, en faisant ce qui est mal à ses yeux? Tu as frappé de l'épée Urie, le Héthien; tu as pris sa femme pour en faire ta femme, et lui, tu l'as tué par l'épée des fils d'Ammon. » 2 Samuel 12 :8-9

Dieu donna la maison de Saül à David et mit en son sein les femmes de son maître. Et ses femmes étaient en grande majorité plus âgées que lui.

Et quand il prit une femme jeune, Barchébah, épouse d'Urie après l'avoir tué, Dieu revint lui dire que si cela ne suffisait pas, c'est Dieu lui-même qui devrait lui en ajouter !

L'âge, une fois de plus, n'est pas la base du mariage dans la Bible et même dans la société car tout est facultatif. Mais, il est mieux de nous référer sagement à l'expérience des autres et aux lois de la nature pour jeter le filet du bon côté dans les eaux des futurs conjoints.

L'âge physique est bien différent de l'âge spirituel car David revenant des champs donna une solution définitive et ôta la honte du peuple d'Israël, alors que ses grands-frères tremblaient devant le géant Goliath pendant 40 jours.

Il y a eu des jeunes qui ont réussi en leur temps et des vieux qui ont aussi montré de la vigueur dans leur sagesse à la fin de leur séjour vital.

C'est une question d'harmonie et de concordance. En dépit de la différence d'âge le succès dans le mariage est possible si les deux conjoints consentent de vivre d'un commun accord. Ne déplaçons pas le débat, mais la concorde entre les deux conjoints est salutaire.

J'ai fait le tour de mes amis en ligne et j'ai pu récolter des points de vue qui pourraient bien vous surprendre.

Il y a des gens qui n'accepteraient pas que la femme soit plus élancée par exemple !

La taille ne fait pas l'homme. Ne soyons pas distraits par l'apparence. La taille de femme n'a rien avoir ainsi que son âge et ils ne constituent pas les pieux du socle du mariage.

La forme est une chose alors que le fond en est une autre.

Un autre ami a dit qu'il ne peut pas se marier à une femme plus riche que lui. C'est juste son point de vue personnel.

Un autre en plus n'aurait pas souhaité avoir une femme plus forte physiquement car il peut se retrouver un jour en dessous du lit.

Une femme trop belle et trop attirante inquiète un mari jaloux. C'est là encore une interférence qui ne dépend que de ceux qui ne s'en tiennent qu'à cela pour réussir dans le foyer !

Une femme trop pas engagée dans la société ou dans le service de Dieu est aussi un point d'achoppement pour certains hommes.

Cependant la plupart d'amis en ligne m'ont dit que les femmes qui ressemblent à leur mère ou leurs tantes et sœurs trouvent toujours une excuse auprès d'eux.

Il y a vraiment à boire et à manger dans la vie conjugale car chacun a sa couleur préférée et le débat en cette matière noble n'est pas universel.

Cela me fait penser au comportement de chacun de nous à table.

Moi, par exemple, je ne prends pas beaucoup de piment. J'ai un faible pour le sel que je vais finalement bientôt réduire en consommation car mon âge personnel et non celui de ma tendre épouse me l'exige !

La parité est une fable sociale car chacun de nous a sa force et sa faiblesse !

Nous avons tous une limite personnelle d'une manière ou d'une autre. Mais ce qui compte est de nous consacrer à Dieu afin qu'il nous soutienne davantage.

Un ami m'avait dit qu'une femme trop soignée exige beaucoup d'attention et de moyen financier.

On ne cessera pas de se plaindre tant que je tendrai mon micro baladeur aux autres !

TAMAR ET JUDA

« Juda prit pour Er, son premier-né, une femme nommée Tamar.

Er, premier-né de Juda, était méchant aux yeux de l'Éternel; et l'Éternel le fit mourir.

Alors Juda dit à Onan: Va vers la femme de ton frère, prends-la, comme beau-frère, et suscite une postérité à ton frère.

Onan, sachant que cette postérité ne serait pas à lui, se souillait à terre lorsqu'il allait vers la femme de son frère, afin de ne pas donner de postérité à son frère.

Ce qu'il faisait déplut à l'Éternel, qui le fit aussi mourir.

Alors Juda dit à Tamar, sa belle-fille: Demeure veuve dans la maison de ton père, jusqu'à ce que Schéla, mon fils, soit grand. Il parlait ainsi dans la crainte que Schéla ne mourût comme ses frères. Tamar s'en alla, et elle habita dans la maison de son père. » Genèse 38 :6-11

En Israël, comme dans certaines autres traditions dans le monde, l'homme arrache la femme de sa famille par la dot.

Elle reste ainsi sous l'autorité de sa belle-famille même après la mort de son époux alors que la même Bible la libère de son engagement à la mort de son bien-aimé.

Dans le cas de Tamar, Er ne lui laissa point de succession et Juda, son beau-père, résolut de lui donne son jeune frère Onan pour susciter une progéniture.

Ce dernier se souillant par terre, fut tué par Dieu et Juda promit de donner à Tamar son 3° fils Schéla après qu'il ait eu l'âge majeur.

Et cela nous montre que cette tradition juive autorisait que la femme soit plus âgée que son nouvel époux.

La tradition nous enchaîne de fois dans des pratiques contre nature et contre la volonté de Dieu. Il serait plus sage de passer suffisamment du temps pour étudier le pour et le contre de l'action ou de l'engagement à prendre pour être du bon côté.

Chez nous au Kasaï, ma province d'origine au centre de la République Démocratique du Congo, même de nos jours, dans nos villages, à la mort du mari, son jeune-frère marié ou pas a le droit naturel de la prendre pour épouse.

Et s'il mourrait à son tour, son jeune-frère consécutif récupérera les deux femmes pour les ajouter à la sienne.

C'est un jeu aux engrenages sans glissement et sans contretemps qui fait que dans nos villages, dans le cas de ma province d'origine, la polygamie est une culture et une vie normale.

SUCCESSION MARITALE TELESCOPIQUE

« Le même jour, les sadducéens, qui disent qu'il n'y a point de résurrection, vinrent auprès de Jésus, et lui firent cette question:

Maître, Moïse a dit: Si quelqu'un meurt sans enfants, son frère épousera sa veuve, et suscitera une postérité à son frère.

Or, il y avait parmi nous sept frères. Le premier se maria, et mourut; et, comme il n'avait pas d'enfants, il laissa sa femme à son frère.

Il en fut de même du second, puis du troisième, jusqu'au septième.

Après eux tous, la femme mourut aussi.

A la résurrection, duquel des sept sera-t-elle donc la femme? Car tous l'ont eue. » Mathieu 22 :23-28

Dans cette question piège des sadducéens auprès de Jésus, ladite femme a connu finalement 6 maris moins âgés qu'elle pour la même dot sans avoir d'enfants !

La femme a longtemps été considérée comme une pondeuse dans la tradition juive et même dans certaines autres sous d'autres cieux.

Le Seigneur Jésus est mort sur la croix pour les hommes et pour les femmes ; pour les forts et pour les faibles ; pour les juifs et pour les nations.

Que personne ne mette sur les autres un joug que lui-même ne saura pas porté.

Le mariage vient de Dieu et il est plus avisé qu'il soit conduit selon sa volonté et non celle des hommes.

Chez-nous, dans ma province d'origine, une femme stérile n'a pas de place dans le foyer. Et l'on retrouvait la même pratique en Israël.

Ce n'est pas par pur hasard que Sarah amena Agar dans le lit d'Abraham !

Les temps et les circonstances de la vie nous poussent de fois à quitter la page pour écrire dans la marge !

Associons l'expertise des autres dans ce que nous voulons bien faire afin que nous puissions avancer comme sur des roulettes.

Avec Dieu, nous sommes du bon côté.

Il n'y a pas que l'âge qui puisse interférer !

La tribu, la race, la richesse, les études, la beauté extérieure et la bonté du cœur sont bien des piliers qui peuvent être pris en considération avant le mariage.

Mais la perfection se cache en Dieu de qui tout est sorti et vers qui tout va rentrer un jour.

CONCLUSION

Personne ne pourra aimer ta future épouse à ta place.

Je sais que sur 10 couples, 9 sont constitués de femmes moins âgées que leur conjoint, mais le lendemain n'est pas nécessairement la copie du jour d'hier !

Le roi Salomon abandonna 999 femmes dans son beau palais pour aller s'amuser dans les champs avec la reine du Sud.

L'homme vient avec un pain de proposition lié à ses 3 facultés et ses 5 sens alors que Dieu descend avec la manne.

Jacob croyait que Rachel était une manne pour ses amours alors qu'elle n'était qu'un pain de proposition.

Et le Seigneur Jésus, l'Agneau de Dieu qui enlève le péché du monde est sorti de sa grande sœur qui pouvait naturellement être plus âgée que lui.

Il existe 3 types de mariages :

- Le mariage père-fille
- Le mariage ami-amie
- Le mariage fils-mère.

Acceptez que je vous propose ce tableau d'estimation à la lumière de mes investigations.

N°	**LIBELLE**	**% SOCIAL**
01	Père-Fille	20
02	Ami-Amie	70
03	Fils-Mère	10

C'est sur base du tableau susmentionnée que j'atterris en disant que se marier à une femme plus âgée que soi, c'est se marier dans la marge car la nature même nous montre à suffisance que la femme doit être plus jeune que l'homme car appelée à se soumettre.

Chez-nous en Afrique, à table, le plus jeune lève et cède sa place à son grand-frère. Quand il finit de manger, il ne lave pas les mains avant ses aînés. Et dans le transport en commun ou dans les salles de fête, les jeunes cèdent la place aux aînés.

Cela fait partie de notre culture et la grande-sœur ainsi que ses amies on l'appelle « Yaya » en ma langue maternelle pour signifier grande sœur.

Une femme âgée pour un africain, est une aînée et elle a droit au respect de la tradition et de la société.

En plus une femme plus âgée vieillira naturellement plus vite que vous. En ce moment-là, ne la trouvez pas de grâce, fade ou démodée et consommez votre herbe amère dans la continence de votre responsabilité.

Evidemment avec la modernité et la mondialisation, il y en a qui s'en sortent d'une manière ou d'une autre.

Je n'aimerais pas être un prophète de malheur ou un conseiller de mauvais goût.

Le mariage est d'emblée une responsabilité individuelle avant de prendre le caractère familial ou social.

Que le sage use bien de prudence !

L'Auteur

L'AUTEUR

Sylvanus Mulowayi Wa Kayumba, Traducteur Assermenté, Polyglotte, Aumônier et Prédicateur de la Parole de DIEU.

Avec une plume vieille de 37 ans dans la main, en cavalier solitaire, il a pour passion, les idées nobles, le travail bien fait et l'amour du beau.

Près de la moitié de sa vie, il l'a passée avec les malades et les prisonniers à l'aumônerie.

Une chose est vraie, c'est que tout homme a le droit d'aimer, d'apprécier et de penser. Sa force est dans le plaisir d'écrire et de lire aussi les autres. Il a beaucoup de respect, d'égard et de déférence pour le stylographe et la feuille de papier.

Son rêve est de rassembler la brise et la tempête dans un même lit et sous un même drap pour un monde conduit par l'amour et le pardon.

Son attente est qu'un jour le riche et le pauvre, le fort et le faible, le maître et l'esclave se rencontrent pour contempler ensemble celui de qui ils sont sortis et vers qui ils rentreront un jour, chacun en son temps et en sa circonstance.

Ne peut recevoir que celui qui a déjà donné une fois, au moins !

L'Auteur

Sylvanus Mulowayi Wa Kayumba
Email : dasylvahmolvak@gmail.com
You Tube : Dasylvah Only Jesus

TABLE DES MATIERES

Introduction 005

Amram, Père de Moïse 013

David et les femmes de Saul 020

Tamar et Juda 025

Succession Maritale Télescopique 028

Conclusion 032

Auteur 036

Table des Matières 039

MARRIAGE IN THE MARGIN

Sylvanus Mulowayi Wa Kayumba

MARRIAGE IN THE MARGIN

INTRODUCTION

Can you marry a woman older than yourself?

Yes and no...

Yes, depending on how often love escapes the laws of the society in which we live. And sometimes the stated age is often not the actual age.

In society there are habits and customs relating to each people in the field of marriage.

It's not just the age problem that's defined. There are people who go further, as far as talking about tribe, race and religion.

But faith sentiment is imperative and goes beyond age, tribe, race and religion. And it has been able to hold up and bear good fruit in some cases.

I am thinking of my personal case which was like a rebellion against my parents because I married of my own free will to a Katangese woman while I am Kasaian.

By the way Katanga and Kasai are two adjoining regions of the Democratic Republic of Congo.

It was in 1986 that I made this reckless decision that took me almost two years to restore peace with my people. For my love had more of a cloak of rebellion and disobedience towards the parents who had finally accepted it as bitter weed on the dining room table.

In 1993, there was Kasaians' withdraw from Katanga and we were included with four family members. Others as well as some friends returned to Kasai because they all had women from our region and among them, many died on this path of humiliation and rejection.

As for me, my stepfather advised me to bring his daughter and my children back under his roof until the end of this social wave of this time of sad memory.

I was spared with my children through my wife who was of Katangese origin!

And today I will advise migrants to marry local women in order to facilitate their integration into the new acquiring society.

Today we are in family and we give thanks to God without whom some would not be among us to this day.

You can get married outside of your tribe and your origins because according to the Bible Adam came from the earth and Eve from his bone. This makes two different origins called to live together.

Abraham saw Sarah come into his bedroom with Hagar, the Egyptian one evening, to bypass the sterility of her who called him lord.

Love is not a question of origin, tribe, race or age. It is above all a case of harmony and intimacy.

There is also the law of attraction and esteem which becomes irresistible and which carries the two partners into the world of pleasure, forcing them to bear the consequences.

In everyday life there are people who have married women older than themselves, such as the current French president.

They didn't have any children, however they opted to adopt a dog. And from afar, they managed to write their love story in the margin and not on the French page.

Marriage is about responsibility and commitment for a lifetime. And we only live once.

Virginity was also a basic condition for the marriage of the young girl who had to agree to leave the paternal roof too young before the wickedness of life tore it from her.

Today, with young girls' higher education, virginity has become rare even among believers!

Beyond that, men ended up agreeing to get married by closing their eyes to virginity case and going to repair the thing in family and before God in local churches.

Jacob found himself polygamous outside of his will in a circumstantial marriage!

No, because the Bible teaches us that Adam was formed before Eve and Sarah was younger than Abraham, it is a good thing that the wife is younger than her husband.

In any society, there are principles and rules that govern people's daily life within the place.

No, because women mature more easily than men in the household.

No, because a woman's boss is her husband and sometimes submitting to a younger than yourself is a difficult exercise to solve.

We should as much as possible seek to find a point of functioning and harmony because we do not live alone.

There are many people who look at us and who can also be edified or discouraged and reading about our married life.

The dwelling place can also influence love partners' nature or portrait from day to day.

In Africa we live for others while in other skies we first live for ourselves.

And this pushes us to consider the pros and cons so that we never become a stumbling block for others.

We will try to split this matter of marriage further into the margins so that each of us finds one's part and that one's life under the sun will be a living letter written about how we behave secretly and publicly.

In marriage, people know where they start, but never where they can go.

There are many couples that we believe to be at peace and harmony from afar, but that is not the case once we get closer to them.

So the final decision is to recommend one's fate to God in all simplicity and humility.

Married life is a matter of harmony and concordance of behavior that binds the 2 partners until the end of their days.

And only death frees them from the solemn commitment made before the 2 families, the State Officer and before God in the mutual promise of fidelity.

We do not marry for pleasure, but for honor and human dignity.

To read and make read!

The Author

AMRAM, MOSES' FATHER

"Amram took Jochebed his aunt to wife; and she bare him Aaron, and Moses. The years of Amram's life were one hundred and thirty-seven years. " Exodus 6:20

The age is not specified in this context but Amram, Moses' father, married Jochebed, his own aunt who could understandably be older than Israel deliverer.

Even later in the law, when it is said that one cannot uncover one's mother's sister's nudity, Moses' parent lived in his aunt's arms for several years!

I do not in any way seek to justify myself in this presentation, but I would only like to highlight a few cases of marriages carried out in the margin which produced fruits while Abraham, who was naturally older than his wife Sahara, experienced a long period of sterility from the one who called him lord.

Age conformity between Abraham and Sarah was thwarted by sterility which made it so that it was in full old age that Isaac, the promise son came.

Age natural respect between a man and a woman in marriage does not guarantee a harmonious cohabitation of spouses. It is a condition well worth its golden talent, but the Bible does not give details on the matter.

I have learned to be silent where the Bible is silent. And in this scripture reader's suit, I'd like to encourage future spouses to focus more on harmony in home so that two become one.

You can fail with a youger wife and succeed with an older one.

Moses's father had succeeded with a woman fatally older than him, and together they gave the house of Israel a deliverer.

It was the son of this woman, older than her husband, Amram, who rescued Jethro's daughters and thus remained in this family for 40 years.

Then returned to the land of Egypt, from which they left between two nights to the number of 600,000 standing men, without counting women and children, by cutting in two the Red Sea after having demonstrated in 10 plagues God's power to Pharaoh and to the Egyptian people.

He led God's people in the desert for 40 years and took from the hands of God the double table of the 10 commandments.

It was under Moses' leadership that the tabernacle was built in the middle of the desert as well as the Covenant Ark which signified God's presence !

The age difference between a man and a woman is not really specified as we believe those who are in the habit of replacing manna with show bread !

Someone will tell me that this happened before the longest dispensation of the law.

I grant you that, but there is one thing we should all notice as children of God.

The law does not specify the age of marriage and the age difference between the two spouses!

Who can give me difference in age between Adam and Eve as to the flesh, because according to creation we all have the same spiritual age since man and woman were both created on the same day in heaven!

While reading the Bible, Adam lived alone with God for a sufficiently long time by cultivating and guarding the garden.

10 years ?

20 years ?

30 years ?

40 years or more?

Where the Bible is silent, I too put my hand over my mouth !

Age notion difference is optional and is not a fundamental condition for the success of a couple.

A married man’s success is not linked to his wife’s age, but rather to her heart as it is written:

« Whoever finds a wife finds happiness; It is a favor which he obtains from the Lord. » Proverbs 18:22

It’s not about age, but about heart.

And who can bestow a heart goodness and purity certificate to someone when it escapes the doctor's diagnosis.

This is a grace that can only be obtained from the Lord who searches hearts and loins. And instead of spending too much time discussing unnecessarily about spouses’ age, you need to focus particularly on ways and means to be successful as a couple.

It is even better to consecrate his wife’s future to God so that he will give her a heart of flesh and sensitivity so that she may become the distributor of happiness in the home.

Obviously, nature also teaches us in one way or another and I dare to believe that it is naturally suitable and preferable for the woman to be younger than her future husband.

And even by drawing inspiration from our families and those of friends, we will end up with this natural condition which makes the woman less aged to her future husband in order to facilitate submission to him.

True success is in communion with God who knows each other's hearts!

DAVID AND SAUL'S WIFES

David married Saul's daughter before replacing him on the throne upon his death together with his son Jonathan on the same day on the battlefield.

Once in the throne, he took over all the wives and concubines of his stepfather Saul to keep them out of poverty and slavery.

« I made you inherit the house of your master; I put your master's wives in your bosom, and I gave you the house of Israel and Judah. And if that had been little, I would have added more.

Why then hast thou despised the word of the LORD, to do evil in his sight? You have struck Uriah the Hittite with the sword; you took his wife to make her your wife, and he killed him with the sword of the children of Ammon. » 2 Samuel 12: 8-9

God gave the house of Saul to David and put his master's wives within it. And his wives were overwhelmingly older than him.

And when he took a young wife, Barchébah, Uriah's wife after having killed him, God returned to tell him that if that was not enough, it is God himself who should add to him!

Age, once again, is not marriage basis in the Bible and even in society as everything is optional. But, it is better to wisely refer to others experience and to nature laws to cast the net on the safe side in the waters of future spouses.

Physical age is very different from the spiritual age. As David returning from the fields gave a definitive solution and took away the shame of the people of Israel, while his big brothers trembled before the giant Goliath for 40 days.

There have been young people who have been successful in their time and old ones who have also shown vigor in their wisdom at the end of their vital sojourn.

It's a matter of harmony and softness. Despite age difference, success in marriage is possible if both spouses agree to live together. Let us not move the debate, but harmony between the two spouses is beneficial.

I toured my friends online and was able to pick up some insights that may surprise you.

There are people who would not accept a woman to be more slender, for example!

Size does not fit the man. Let's not be distracted by appearance. A woman's height has nothing to do with her age, and they are not marriage foundation stakes.

The form is one thing while the substance is another.

Another friend said he cannot marry a woman richer than him. It's just his personal perspective.

Another one too would not have wished to have a stronger woman physically because he may one day find himself under the bed.

A too beautiful and too attractive wife worries a jealous husband. This again is interference that only depends on those who stick to it for success in the home!

A woman who is too little engaged in society or in the service of God is also a stumbling block for some men.

However, most of my friends online have told me that women who look like their moms or aunts and sisters always find an excuse with them.

There is really something to eat and drink in married life because everyone has one's favorite color and the debate on this noble matter is not universal.

It reminds me of the behavior of each of us at the table.

I, for example, do not take a lot of chili. I have a weakness for salt which I will eventually soon reduce in consumption because my personal age and not that of my loving wife demands it!

Parity is a social fable because each of us has one's strength and weakness !

We all have a personal limit in one way or another. But what matters is to dedicate ourselves to God so that he will support us more.

A friend told me that an over groomed woman requires a lot of attention and a lot of money.

We won't stop complaining as long as I hand my portable microphone to others!

TAMAR AND JUDAH

"Judah took for Er, his firstborn, a woman named Tamar.

Er, Judah's firstborn, was wicked in the sight of the Lord; and the Lord put him to death.

Then Judah said to Onan, Go to your brother's wife, and take her for a brother-in-law, and raise up seed to your brother.

Onan, knowing that this seed would not be his, defiled himself on the ground when he went to his brother's wife, so as not to give offspring to his brother.

What he did displeased the Lord, who also put him to death.

Then Judah said to Tamar his daughter-in-law, Abide a widow in your father's house, until Shelah my son is grown up. He spoke thus for fear that Shelah might die like his brothers. Tamar went away and lived in her father's house." Genesis 38: 6-11

In Israel, as in some other traditions around the world, a man tears a wife from his family by the dowry.

She thus remains under the authority of her in-laws even after the death of her husband, while the same Bible frees her from her commitment at the death of her beloved.

In the case of Tamar, Er left her no inheritance and Judah, her stepfather, resolved to give her his younger brother Onan to raise offspring.

The latter, defiling himself on the ground, was killed by God and Judah promised to give Tamar his 3rd son Shelah after he had come of age.

And this shows us that this Jewish tradition allowed the woman to be older than her new husband.

Tradition binds us at times in unnatural practices and against the will of God. It would be wiser to spend enough time studying the pros and cons of the action or commitment to be on the safe side.

With us in Kasai, my province of origin in the center of the Democratic Republic of Congo, even nowadays, in our villages, on the death of the husband, his young-brother married or not has the natural right to take her for wife .

And if he too died, his consecutive younger brother would pick up the two women to add them to his own.

It is a game of gears without slippage and without hiccups that in our villages, in the case of my home province, polygamy is a culture and a normal life.

TELESCOPIC SUCCESSION MARRIAGE

“On the same day the Sadducees, who say that there is no resurrection, came to Jesus, and asked him this question:

Teacher, Moses said: If anyone dies childless, his brother will marry his widow, and raise up seed to his brother.

Now there were seven brothers among us. The first married, and died; and, as he had no children, he left his wife to his brother.

It was the same with the second, then with the third, until the seventh.

After all of them, the woman also died.

In the resurrection, then whose wife will she be of the seven? Because all have had it. " Matthew 22: 23-28

In this trick question of the Sadducees with Jesus, the said woman finally knew 6 husbands younger than her for the same dowry without having children !

Women have long been regarded as a layer in Jewish tradition and even in some other places.

The Lord Jesus died on the cross for men and for women; for the strong and for the weak; for Jews and for nations.

Let no one put on others a yoke that he himself will not know how to bear.

Marriage is from God and it is wiser for it to be conducted according to his will and not that of men.

In our home province, a barren woman has no place in home. And same practice was found in Israel.

It was no coincidence that Sarah brought Hagar to Abraham's bed!

Times and circumstances of life often push us to leave the page to write in the margin!

Let's bring together others' expertise in what we want to do well so that we can move forward like clockwork.

With God, we are on the safe side.

It's not just age that can interfere!

Tribe, race, wealth, education, outward beauty, and kindness of heart are all pillars that can be taken into consideration before marriage.

But perfection is hidden in God from whom everything came out and to whom everything will return one day.

CONCLUSION

No one will be able to love your future wife for you.

I know that out of 10 couples, 9 are made up of women who are younger than their spouse, but the next day is not necessarily the copy of yesterday!

King Solomon left 999 women in his beautiful palace to have fun in the fields with the Queen of the South.

Man comes with a showbread related to his 3 faculties and 5 senses as God comes down with manna.

Jacob believed that Rachel was a manna for his loves when she was only a showbread.

And the Lord Jesus, the Lamb of God who takes away the sin of the world came out of his big sister who could naturally be older than him.

There are 3 types of marriages:

- Father-daughter marriage
- Friend-friend marriage
- The son-mother marriage.

Accept that I offer you this estimate table in the light of my investigations.

N °	STATEMENT	% SOCIAL
01	Father-Daughter	20
02	Friend	70
03	Son-Mother	10

It is on the basis of the aforementioned table that I land by saying that to marry a woman older than oneself is to marry in the margin because nature itself sufficiently shows us that the woman must be younger than her man because called to submit.

At home in Africa, at the table, the youngest gets up and gives way to his big brother. When he finishes eating, he does not wash his hands before his elders. And in public transport or in party rooms, young people give way to seniors.

It is part of our culture and the big sister and her friends are called "Yaya" in my mother tongue to mean big sister.

An elderly lady for an African is an elder and she has the right to respect for tradition and for society.

In addition, an older lady will naturally age faster than you. At that time, do not find it graceful, bland or old-fashioned and consume your bitter herb in the continence of your responsibility.

Obviously with modernity and globalization, there are some who are getting away with it one way or another.

I would not like to be a prophet of doom or a poor counselor.

Marriage is from the outset an individual responsibility before taking on a family or social character.

May the wise be very careful!

The Author

THE AUTHOR

Sylvanus Mulowayi Wa Kayumba, Sworn Translator, Polyglot, Chaplain and Preacher of the Word of GOD.

With a 37-year-old feather in his hand, as a solitary rider, his passion, noble ideas, a job well done and a love of the beautiful.

Almost half of his life he has spent with the sick and the prisoners in the chaplaincy.

One thing is true, and that is that every man has the right to love, appreciate and think. His strength lies in the pleasure of writing and also reading others. He has great respect, consideration and deference for the pen and the sheet of paper.

Her dream is to bring together the breeze and the storm in one bed and under one sheet for a world led by love and forgiveness.

His expectation is that one day the rich and the poor, the strong and the weak, the master and the slave will meet to contemplate together the one from whom they came out and to whom they will one day return, each in his time and in its circumstance.

Can only receive the one who has already given once, at least !

The Author

Sylvanus Mulowayi Wa Kayumba
Email : dasylvahmolvak@gmail.com
You Tube : Dasylvah Only Jesus

CONTENTS

Introduction 045
Amram, Moses' Father 053
David and Saul's wifes 060
Tamar and Juda 065
Telescopic Succession Marriage 069
Conclusion 073
Author 077
Contents 080

Printed by Books on Demand GmbH, Norderstedt / Germany